AF370898

DE LA

NATIONALITÉ DES PRINCES

DE LA

BRANCHE AINÉE DES BOURBONS

POITIERS

IMPRIMERIE G. ROY

7, RUE VICTOR-HUGO, 7

DÉDIÉ

A

SON ALTESSE ROYALE

MGR LE PRINCE ÉLIE DE BOURBON

AVANT-PROPOS

—

Un très grand nombre de Français sincèrement dévoués aux principes de notre monarchie traditionnelle chrétienne se sont ralliés au parti Orléaniste uniquement parce qu'on leur a fait croire que les Bourbons de la Branche aînée, les descendants directs de Louis XIV avaient perdu leur qualité de Français.

Le jour même des obsèques du Comte de Chambord la note suivante était adressée de Goritz à tous les journaux : « On est unamine à déplorer que le deuil du premier des Français soit conduit par des *étrangers* qui se sont emparés de son cercueil (1).

(1) Les auteurs de cette note étaient absolument de mauvaise foi, car toutes les personnes présentes à Goritz, connaissaient parfaitement les ordres précis donnés par la Reine au Cte de Blacas, au sujet de la question de préséance.

Le Cte de Chambord avait, du reste, pris soin de régler *lui-même* d'avance ses funérailles dans ces termes formels : « Je désigne pour

Les habiles, en propageant de tels propos, espéraient ainsi surprendre et surexciter la susceptibilité nationale, en qualifiant d'étrangers des Princes dont le droit incontestable et manifeste ferme à leur prétendant les avenues du pouvoir.

De même que leurs pères appelaient Marie-Antoinette l'Autrichienne, ils ont eux aussi traité d'étrangère la sainte veuve du Comte de Chambord. C'est avec de telles appellations que l'on passionne les foules, que l'on colère le peuple. Etrangers ! Etrangères !..., Quand on a prononcé ces mots, il n'y a plus de raisons, il n'y a plus de justice ; c'est une mise hors la loi, hors l'humanité, il n'y a plus qu'à proscrire ou à guillotiner.

A ceux-là nous n'avons rien à dire ; ils savent ce qu'ils font, où ils veulent aller, et par quels moyens ils ont chance de réussir dans leur complot.

Mais le public honnête a cru à cette allégation mensongère, et tant qu'il la croira fondée en droit, il aura raison de repousser des Princes qui seraient réellement étrangers. Or, ce public est victime d'une erreur sur laquelle il importe de faire jaillir la lumière et qui ne résistera pas, nous en avons la confiance, à un examen attentif et loyal.

prendre la tête du convoi, mes neveux les Princes d'Espagne ; mes neveux de Parme, élevés par moi à Frohsdorf.... »

Cette erreur provient de ce que, généralement, on ne se rend pas suffisamment compte de ce qu'est la *qualité* de Français, et ensuite parce que l'on prétend appliquer à la famille Royale les prescriptions du Code civil qui ne la régissent pas.

Hilaire DE CURZON.

Poitiers, 25 mai 1912.

I

Les princes de Bourbon.

On qualifie d'étrangers des Princes qui, de mâle en mâle par ordre de primogéniture, descendent de Hugues Capet et dont l'origine remonte jusqu'à Clovis, par les femmes ; des Princes dont les ancêtres ont fait la France, qui leur doit jusqu'au nom qu'elle porte avec un légitime orgueil ; des Princes dont le propre patrimoine est venu agrandir son territoire et dont le sang a coulé pour elle sur tous les champs de bataille. On ne se contente pas de les dépouiller de leur droit successoral, on voudrait encore leur ravir jusqu'à leur titre de Français ? Non ! Non ! la nature elle-même repousse cette prétention odieuse ; tant qu'il restera, quelque part que ce soit, une goutte du sang de saint Louis, de Henri IV, de Louis XIV, ce sang sera du sang Français (1).

(1) *L'Echo de Paris* (20 octobre 1911) relatant le mariage de la princesse Zita de Bourbon de Parme avec l'Archiduc Charles, petit neveu de l'Empereur François-Joseph et son futur héritier, affirme, non sans raison, « qu'une vague d'indignation envahirait l'aimable visage de cette séduisante Princesse de Bourbon, si un Français commettait l'impardonnable faute de prononcer devant elle le mot de « *Bourbons étrangers* » à propos de la branche aînée des Bourbons. Si l'on osait prendre cette audace, le regard de la Princesse la punirait vite, et

Pourquoi donc ne seraient-ils plus Français ces Princes ? Parce que, répond-on, ils ont régné à l'étranger ! Depuis quand, le fait d'avoir porté, au grand honneur de la France, une couronne étrangère fait-elle perdre la qualité de Français ?

Lorsqu'à la mort de Charles IX, le roi de Pologne, son frère, quitta ce royaume pour venir régner en France sous le nom de Henri III, vint-il à l'idée de quelqu'un de le considérer comme un prince étranger ?

Celui qui, à son défaut, aurait pu hériter de la couronne fit-il entendre quelque réclamation ? Non, la loi salique suivait son cours.

Quand cette même loi appela au trône de France, à son tour Henri IV, le *Béarnais*, le *Roi de Navarre*, dont la branche pourtant était séparée du tronc depuis près de 3oo ans, et qui n'était parent au roi défunt qu'au 22e degré, songea-t-on à l'exclure à titre de Prince étranger ! Pas du tout ; la Ligue elle-même, qui le repoussait en tant que Huguenot, ne lui contesta jamais son titre de Prince Français. Il régna par droit de naissance et non par droit de conquête ; ses armes avaient vaincu la Ligue et non la France, qui, au contraire, ne vit en lui que son libérateur et son père.

« Pour légitimer son avènement au trône, la maison Capétienne avait invoqué, nous objecte-t-on, comme un

exprimerait combien l'amour de la France est resté vivant, ardent, dans le vieux sang de France. »

Dans la délicatesse de son patriotisme, cette petite fille de nos Rois, a voulu que les fleurs de notre terre de France fussent les seules à former sa couronne de mariée, et que le contrat, fut rédigé, pour sa part, dans notre langue, puissant motif : « que Charles de Lorraine, le dernier des Carlovingiens devait être exclu du trône parce qu'il avait prêté serment d'allégeance à l'Empereur d'Allemagne, ce qui devait le faire *considérer comme étranger* » (1). Cette raison n'était qu'un prétexte, attendu que s'il était vrai que Charles de Lorraine eût été écarté à *titre d'étranger*, Hugues Capet eût dû être écarté au même titre, car son père s'était déclaré vassal du roi de Germanie et, avec cette aggravation, qu'il l'avait fait pour décider Otton à faire la guerre au roi de France (2).

Mais ces actes déloyaux et coupables ne faisaient pas perdre la qualité de Français, laquelle ne se perd même pas par le meurtre d'un Roi, témoin le cas de Philippe-Egalité.

Les descendants de Louis XIV sont devenus étrangers, nous dit-on encore, et cela en vertu d'un droit supposé d'acclimatation ou de fusion, qui fait que le pays dans lequel on réside, depuis un certain temps, devient votre propre pays, que vous le vouliez ou que vous ne le vouliez pas, que vous soyez sujet ou Roi.

Mais alors, logiquement, en vertu du même droit supposé d'acclimation, tous les étrangers, qui habitent en France depuis un certain temps deviennent par là-même Français, sans en excepter les Juifs ; ce qui faisait dire à « la Monarchie Française : » que « pour proclamer Roi de France le petit-fils de Philippe-Egalité, il faudrait judaïser la France (3).

(1) M. de Roux, *Le droit royal historique.*
(2) Gabourd, *Hist. de France,* t. IV.
(3) N° du 10 août 1911.

*
* *

A-t-on jamais contesté à Napoléon III, fils du roi de Hollande, la qualité de Français ? La conteste-t-on aux descendants du prince Jérôme Bonaparte qui fut roi de Westphalie?

Si Philippe V en acceptant la couronne d'Espagne avait perdu, pour lui et pour ses descendants, la qualité de Français, il n'en restait cependant pas moins habile à succéder à la couronne de France, autrement la renonciation qu'on exigeait de lui ne s'expliquerait pas. Si, en effet, Philippe V et ses descendants étaient devenus étrangers et avaient de ce fait, perdu tout droit à la couronne de France, la renonciation qui lui était demandée devenait tout à fait inutile, Louis XIV n'aurait eu qu'à le faire observer aux puissances.

Quand, en 1789, l'Assemblée nationale fut saisie de la question de la validité de ces renonciations, pourquoi avoir délibéré pendant trois jours, si l'on eut considéré alors les descendants de Philippe V comme ayant perdu leur qualité de Français ; il eut suffi de faire observer que ces Princes avaient perdu leur nationalité ; mais loin qu'il en fût ainsi, l'Assemblée déclara que *rien n'était préjugé sur l'effet des renonciations dans la race actuellement régnante.* Or, la race actuellement régnante était bien la descendance de Louis XIV.

Battus sur ce point, les Orléanistes, par l'organe de Mirabeau, voulurent faire insérer dans la Constitution que nul ne pourrait régner s'il n'était né en France. La même

Assemblée, en repoussant cette nouvelle tentative, qui avait pour but d'exclure les Princes nés en Espagne, ne prouva-t-elle pas assez clairement que la nationalité était déterminée par la *naissance*, par le *sang*, sans autre condition de territorialité.

Lorsqu'en mai 1712, l'Angleterre fit offrir à Philippe V ou de garder l'Espagne, où il régnait depuis 10 ans, ou bien d'échanger ce royaume contre la Savoie, la Sicile, le Montferrat, le Piémont, elle ajoutait que dans le cas où Philippe V accepterait ce projet, il conserverait néanmoins tous ses droits à la couronne de France.

Voilà encore une nouvelle preuve (que nous pourrions appeler diplomatique), que le fait d'avoir porté une couronne étrangère ne fait pas perdre la qualité de Français.

Jamais les Princes qui sont allés régner à l'étranger n'ont perdu leur droit successoral dans leur pays d'origine. Pour qu'ils le perdissent il fallait qu'ils y renonçassent volontairement et librement ; et cette renonciation, qui pouvait changer l'ordre de succession, n'était valable qu'à la condition d'être autorisée par les Etats-Généraux du pays. Or cette autorisation indispensable n'a jamais été donnée au duc d'Anjou, ce qui fait, nous l'avons dit ailleurs, que le traité d'Utrecht est invalide sur ce point.

Loin de perdre leur nationalité, ces Princes l'étendaient en quelque sorte, sur des peuples voisins qui devenaient nôtres par la solidarité des mêmes intérêts et des mêmes principes de gouvernement.

Nous n'aurions pas eu à subir les désastres de la guerre de 1870, si la loi salique n'avait pas été violée en Espagne (1) et nos frontières des Pyrénées et des Alpes ne seraient jamais menacées si les Princes légitimes de la maison de Bourbon régnaient en Espagne et en Italie.

(1) Au tome IV de ses Mémoires, M. Guizot, parlant de la révolution espagnole, avoue qu'en principe on aurait dû maintenir la loi salique : « Elle convenait mieux à l'intérêt français, dit-il, qu'un système de succession qui pouvait faire régner en Espagne, comme époux de la reine, un *prince étranger à la maison de France* ».

Il y a ici deux aveux dont nous devons prendre note : le premier, c'est que le maintien de la loi salique en Espagne convenait mieux à l'intérêt français ; le second, c'est que les Bourbons d'Espagne, de Naples et de Parme n'ont pas cessé d'être Français puisqu'il les considérait comme appartenant toujours à la maison Royale de France.

II

La qualité de Français.

Pour être roi de France, il faut être Français. Cela ne peut faire l'ombre d'un doute. Il faut que le roi soit Français absolument Français, par la naissance, par le cœur, par les principes, par les opinions, par toutes les aspirations de son âme ; il faut que le Roi soit comme « *la conscience même de la France*» dans tout ce qu'elle doit avoir de patriotique, de généreux, de chrétien.

Or les Princes de Bourbon-Anjou sont incontestablement Français à tous ces titres. Mais, objecte-t-on, d'après notre Code civil, la qualité de Français peut se perdre et les Bourbons de la branche aînée l'ont perdue.

Le Code civil, comme son titre l'indique, ne régit que l'exercice des droits civils. Au titre 1er de son premier livre, le Code ne parle que de la jouissance et de la privation des droits civils, et dans son article 7, il déclare que les droits politiques ne s'acquièrent et ne se conservent que conformément aux *lois constitutionnelles*.

L'ordre de succession à la couronne étant un droit polique, le Code civil est donc, sur cette question, absolument incompétent.

La loi fondamentale et constitutionnelle qui régit la situation politique de la famille royale, c'est la *loi salique* reconnue toujours vivante, et consacrée à nouveau par la Constitution de 1791 en tout ce qui touche à l'ordre politique.

La loi salique a mis la famille royale dans une situation qui diffère de celle qui est faite aux autres familles françaises par le Code civil.

La loi salique et la Constitution de 1791 déclarent la royauté *héréditaire* et *indivisible*, le Code civil ordonne le *partage égal* de tous les héritages.

La loi salique veut que la couronne soit transmise de mâle en mâle par ordre de progéniture.

Le Code civil a aboli le droit d'aînesse, les majorats, les substitutions et ne permet par l'exclusion des femmes.

L'état civil des membres de la famille royale est constaté d'une manière spéciale, avec des formalités spéciales et par des fonctionnaires spéciaux (1).

(1) Conformément au sénatus-consulte de l'Empereur Napoléon Ier relatif au statut de la famille impériale, les membres de la famille impériale avaient un état civil spécial tenu par les hauts dignitaires de la couronne.

La nationalité.

Ce qui fait la nationalité, c'est le sang. Le Code civil le constate ainsi dans son art. 8 (26 juin 1889) : « Sont français : tout individu né d'un Français, en France ou à l'étranger. » N'est-ce pas exactement le cas des Princes de Bourbon-Anjou (1). On est donc Français par droit de naissance, par la transmission du sang français ; cela est conforme à la nature des choses et à la signification des mots. Naissance et natalité sont synonymes ; ces deux mots ont la même racine : *nati*. C'est la filiation qui perpétue la race, le territoire n'y est pour rien, c'est la race qui fait la nation, elle n'est pas une dépendance de la territorialité. Nous sommes nous mêmes une preuve vivan-

(1) Les Bourbons de Parme sont, à ce titre, doublement Français.

Ces Princes sont, en effet, les fils de Robert de Bourbon, duc de Parme, décédé en 1908, et les petits fils de Charles III de Bourbon, duc de Parme, et de Louise de Bourbon, sœur du Comte de Chambord. Ils descendent donc de Louis XIV par Philippe V, roi d'Espagne, petit fils du grand Roi. Ils en descendent également par leur grand'mère, fille de Charles de Bourbon-Artois, duc de Berry, second fils de Charles X. Est-il possible de trouver une famille Princière ayant dans ses veines plus de sang *Bourbon* et par suite plus de sang *Français*.

Plusieurs de ces princes sont nés en France, quelques-uns y ont fait leurs études et fixé leur résidence.

te de ce fait. Le nom que nous portons est un nom de race et non pas de territoire. Quand nos pères ont occupé la Gaule, ils n'ont pas pris son nom, ils lui ont donné le leur. Le territoire n'est rien autre chose que le domicile de la nation.

***

Le Code civil admet deux autres manières d'être Français : la naturalisation et l'annexion ; sans aucun doute, les Français, qui le sont devenus par l'un de ces deux moyens, jouissent, dans toute leur plénitude des droits civils et politiques qui sont acquis aux Français de naissance, mais il leur manque l'origine, le sang, la race.

Pour la transmission du pouvoir royal, la loi salique est plus exigeante : elle veut que le roi soit Français de race. Or les Bourbons de la branche aînée sont non seulement Français, mais plus Français que ne l'exige le Code civil.

C'est en vain que l'on voudrait leur opposer l'art. 17 qui ne leur est pas applicable (1). Remarquons tout d'abord que dans cet article il ne s'agit pas de la nationalité, qui ne regarde pas le Code civil, mais de la perte de qualité de Français en ce qui regarde l'exercice des droits civils, la seule chose qui soit de la compétence de ce code.

Peut-on soutenir de bonne foi, qu'ils ont encouru les déchéances édictées dans cet article 17 :

(1) Art. 17 (26 juin 1889). — Perdent la qualité de Français :
1° Le Français naturalisé à l'étranger ;
2° Le Français qui, sans autorisation du gouvernement, prend du service à l'étranger...

1º Les Princes de Bourbon-Anjou ne sont pas allés se faire naturaliser à l'étranger ; on n'en pourrait produire aucun acte. Pour qu'il y ait naturalisation, changement de nationalité, il faut un acte public, authentique, accompli dans les formes légales. Tel fut le cas de Napoléon III qui mérite d'être signalé. La reine Hortense, duchesse de Saint-Leu, sa mère, était allée se fixer en Suisse en 1817. Son fils le prince Louis-Napoléon s'y fit naturaliser sujet Suisse. Par une délibération du gouvernement de Thurgovie en 1832, les droits de bourgeoisie et de nationalité Thurgovienne furent conférés : « au prince Louis Napoléon, fils de Mme la duchesse de Saint Leu », est-il dit dans l'acte officiel. Peut-on opposer aux princes de Bourbon-Anjou un pareil fait de naturalisation ? Assurément non. Cependant Napoléon fut proclamé Empereur, sans aucune réserve, au sujet de sa nationalité nouvelle, pourtant bien connue.

2º Les Princes de Bourbon ont accepté des fonctions royales à l'étranger, non seulement avec l'autorisation du roi, mais par son ordre et dans l'intérêt de la France.

Le duc d'Anjou n'accepta la couronne d'Espagne que dans un intérêt français. Louis XIV délibéra longtemps avant d'accepter le bénéfice du testament de Charles II. Il ne s'y décida que sur l'avis de son conseil et parce que, s'il refusait, la couronne d'Espagne devait passer sur la tête de l'archiduc Charles d'Autriche.

L'ancien article 17 ajoutait que la qualité de Français se perdait par tout établissement fait à l'étranger sans esprit de retour.

L'établissement de la branche d'Anjou en Espagne a

été si peu faite sans esprit de retour que son chef emportait avec lui des lettres patentes qui lui conservaient tous ses droits de Prince du sang,

« Nous croirions faire une injustice dont nous sommes incapable, disait Louis XIV, et causer un préjudice à notre royaume, si désormais nous regardions comme *étranger* un prince que nous accordons aux demandes de la nation espagnole. » (1)

Des lettres patentes semblables furent délivrées en 1775 au roi de Pologne, qui revint en effet, régner en France sous le nom de Henri III. C'était là, du reste, une précaution inutile et superflue puisque l'inamissibilité des droits des Princes du sang est un des principes de la loi salique. Il n'en avait point été délivré aux ancêtres de Henri IV et l'idée ne vint à personne de lui demander d'en produire.

Cet esprit de retour est encore manifestement établi par les faits suivants :

Au mois de mai 1715, c'est-à-dire du vivant même de Louis XIV, Philippe V envoya à la cour de France, en qualité d'ambassadeur extraordinaire, le prince de Cellamare avec les instructions les plus confidentielles ; ces instructions étaient accompagnées d'un pouvoir par lequel Philippe V l'autorisait à faire, lors de la mort de son aïeul, les protestations nécessaires pour « arrêter et invalider les résolutions contraires à ses droits » et pour faire connaître, ajoutait le roi, « la ferme intention dans laquelle je suis de ne point souffrir qu'il me soit fait aucun préjudice,

____

(1) Lettres patentes de Louis XIV, — Isambert, *Anciennes lois françaises.*

et de maintenir inviolablement mes droits royaux établis
et fondés sur les lois de France » (1).

Vers la même époque Philippe V chargeait le duc de
Bourbon de porter de sa part, le cas échéant, au Parlement le message suivant :

« Si, (ce qu'à Dieu ne plaise), le Roi Louis XV, mon
« très cher frère et neveu, venait à décéder sans laisser de
« successeur issu de lui, je prétends jouir du droit que ma
« naissance me donne de lui succéder à la couronne de
« France, auquel je n'ai jamais pu valablement renoncer et
« dont aucun traité, contracté de quelque nature qu'il puisse
« être, ne peut, ni ne doit empêcher l'effet. Je déclare donc
« que dès que j'apprendrai la mort du Roi de France, je
« partirai pour venir prendre possession du trône des
« rois mes pères, et, je ne doute pas que votre compagnie
« ne s'empresse de donner à tous les Français le premier
« exemple de la fidélité et de la soumission qu'ils me
« doivent... » « J'ai choisi, nommé et constitué, mon bien
« aimé cousin le duc de Bourbon pour, au cas que le roi
« de France vienne à mourir sans enfants mâles, aller au
« Parlement vous porter de ma part, cette lettre et vous
« manifester mes intentions que je désire être enregis-
« trées au Parlement et exécutées suivant sa forme et
« teneur » (2).

Peu de temps après, en effet, au mois d'octobre 1718,
Louis XV étant gravement malade et le bruit de sa mort
ayant couru en Espagne, Philippe V fit assembler la junte

(1) *La Conspiration de Cellamare.* S. Laurentie.
(2) *Le Roi et ses ministres.* Viollet, professeur d'histoire à l'école
des Chartes.

et déclara qu'il allait passer en France, laissant la couronne à son fils aîné qui fit, dans la chapelle, sa renonciation en forme de celle de la couronne de France (1).

****

Devons nous ajouter cette mention de l'ancien article 17 : « Les établissements de commerce ne pourront « jamais être considérés comme ayant été faits à l'étranger « sans esprit de retour. »

Eh quoi ! les établissements de commerce, faits à l'étranger dans un but de lucre et d'intérêt, ne pourront jamais faire perdre la qualité de Français, et cette qualité serait perdue pour avoir accepté une couronne dans un intérêt national ? Nous n'insisterons pas ; ce serait faire injure au bon sens et au patriotisme.

****

Le gouvernement de la maison royale, nous l'avons démontré (2), appartient à son chef qui la régit, d'après les coutumes saliques traditionnelles. Il garde près de lui ceux qui sont nécessaires pour le service de la couronne et la garantie de la succession royale, et quand il a été pourvu à cette double nécessité, il autorise et provoque même, s'il y a lieu, la formation d'essaims royaux, de branches issues du tronc qui, tout en conservant leurs

(1) *Mémoires de Duclos.*
(2) *De la légitimité.*

droits et leur rang de princes du sang de France, vont fonder à l'étranger d'autres établissements politiques, étendant ainsi les alliances, l'influence et la puissance de la mère patrie. Telle est l'économie des coutumes saliques.

Voici dans quelles conditions le chef de la Branche de Bourbon-Anjou avait quitté la France pour aller règner en Espagne. Ce fut, en définitive, une mission royale héréditaire confiée à nos Princes, en pays étranger et dans notre intérêt national.

Mais c'est surtout à titre de Fille aînée de l'Eglise que la France envoyait au dehors ces essaims royaux qui étendaient l'influence du catholicisme : aussi tous les Papes qui se sont succédés, depuis son origine, ont-ils toujours témoigné pour Elle une affection toute particulière.

Conclusion

L'opinion publique, avons nous dit ailleurs (1), s'est égarée faute de connaître la vérité ; on a tout fait pour lui fermer les issues par où elle pouvait pénétrer. Aujourd'hui les personnes de bonne foi (celles, du moins, qui n'ont pas lié ou confondu leurs propres intérêts avec les intérêts des partis politiques qu'elles servent), commencent à se rendre à l'évidence et à reconnaitre qu'en droit, les Bourbons de la branche aînée restent seuls investis du droit, en vertu de la possession d'Etat qui leur a été reconnue par la Constitution de 1791.

Mais, nous objecte-t-on toujours, la stricte application de la loi salique n'est plus possible à notre époque ; jamais le peuple ne consentira à rappeler les Bourbons. Qu'en savez-vous

Au mois de mai 1870, l'Empire était acclamé par plus de huit millions de suffrages ; quelques mois plus tard, ces mêmes suffrages se portaient sur des candidats monarchistes, et cette Assemblée Nationale de 1871, composée en très grande majorité de députés *royalistes*, a fondé la *République* que nous subissons aujourd'hui, alors qu'elle aurait pu tout aussi facilement ramener la *Monarchie*.

(1) *La Vérité sur la Réconciliation.*

Non, le possible, le **vraiment** possible, ce n'est pas l'homme qui le décrète ; il n'en sait rien ; il ne fait qu'en préjuger et généralement il en préjuge mal, parce qu'il n'en préjuge que sous l'influence de ses intérêts et de ses passions. Le possible, ou du moins, ce que nous appelons ainsi, Dieu seul le connaît. Dans son gouvernement providentiel il ne tient pas compte des majorités, témoignant assez, par là, le cas qu'il fait des régimes parlementaires. Il rend vaines les combinaisons humaines les mieux ourdies ; il prend plaisir à rendre impuissante la force de ceux qui se croient forts, à confondre l'habileté de ceux qui se croient habiles. Ce qu'ils déclaraient unanimement possible, il le rend impossible, et réalise ce qu'ils avaient jugé impossible. Son concours n'est acquis qu'à ceux qui « *cherchent, avant tout, son royaume et sa justice ;* » à ceux-là il donne le reste par surcroît ; et ceux-là sont toujours la minorité, le petit nombre.

Le Comte de Chambord, attendant avec patience la conversion de l'opinion publique égarée, disait : « La parole est à la France et l'heure est à Dieu. » Aujourd'hui l'heure est toujours à Dieu, mais la parole n'est plus à la France ; elle est à la merci des événements qui l'entraînent vers la catastrophe qu'elle ne peut plus éviter. Et quand, après avoir exercé sa justice, Dieu voudra relever les ruines et replacer l'ordre social sur ses fondements, il en chargera l'héritier légitime de cette race royale qu'il avait suscitée pour défendre son Eglise, et qui rendra à la France, avec son Dieu et son Roi, son honneur et sa prospérité.

Poitiers. — Imprimerie G. Roy. 7, rue Victor-Hugo